Favor fechar os olhos

Dados Internacionais de Catalogação na Publicação (CIP)
(Câmara Brasileira do Livro, SP, Brasil)

Han, Byung-Chul
Favor fechar os olhos : em busca de um outro tempo / Byung-Chul Han ; tradução de Rafael Zambonelli – 2. ed. - Petrópolis, RJ : Vozes, 2024.

Título original: Bitte Augen schliessen : Auf der Suche nach einer anderen Zeit
Bibliografia.

2ª reimpressão, 2024.

ISBN 978-65-571-3017-9

1. Ensaios filosóficos 2. Hegel, Georg Wilhelm Friedrich, 1770-1831 – Influência I. Título.

20-51812   CDD-102

Índices para catálogo sistemático:
1. Ensaios filosóficos   102

Cibele Maria Dias – Bibliotecária – CRB-8/9427

BYUNG-CHUL HAN
Favor fechar os olhos

Em busca de um outro tempo

Tradução de Rafael Zambonelli

Petrópolis

© Matthes & Seitz Berlin Verlag, Berlin 2013

Tradução do original em alemão intitulado
Bitte Augen schliessen – Auf der Suche nach einer anderen Zeit

Direitos de publicação em língua portuguesa – Brasil:
2021, Editora Vozes Ltda.
Rua Frei Luís, 100
25689-900 Petrópolis, RJ
www.vozes.com.br
Brasil

Todos os direitos reservados. Nenhuma parte desta obra poderá
ser reproduzida ou transmitida por qualquer forma e/ou
quaisquer meios (eletrônico ou mecânico, incluindo fotocópia e
gravação) ou arquivada em qualquer sistema ou banco de dados
sem permissão escrita da editora.

CONSELHO EDITORIAL	PRODUÇÃO EDITORIAL
Diretor Volney J. Berkenbrock	Aline L.R. de Barros Marcelo Telles Mirela de Oliveira
Editores Aline dos Santos Carneiro Edrian Josué Pasini Marilac Loraine Oleniki Welder Lancieri Marchini	Otaviano M. Cunha Rafael de Oliveira Samuel Rezende Vanessa Luz Verônica M. Guedes
Conselheiros Elói Dionísio Piva Francisco Morás Gilberto Gonçalves Garcia Ludovico Garmus Teobaldo Heidemann	**Conselho de projetos editoriais** Luísa Ramos M. Lorenzi Natália França Priscilla A.F. Alves
Secretário executivo Leonardo A.R.T. dos Santos	

Diagramação: Sheilandre Desenv. Gráfico
Revisão gráfica: Alessandra Karl
Capa: Editora Vozes

ISBN 978-65-571-3017-9 (Brasil)
ISBN 978-3-88221-064-4 (Alemanha)

Este livro foi composto e impresso pela Editora Vozes Ltda.

Sumário

O tempo do silêncio, 9

O bom tempo, 19

O tempo da festa, 27

O tempo do outro, 39

Intempestivamente, 47

Posfácio do tradutor, 51

O tempo da despreocupação –
Aquele a quem foi outorgada
uma manhã da vida agitada
e turbulenta, quando chega
o meio-dia da vida, tem sua
alma tomada por um insólito
desejo de repouso que pode
durar meses e anos. Faz-se
silêncio ao seu redor, as vozes ressoam cada vez mais
distantes, o sol a pino brilha
sobre ele. Em uma clareira
oculta, ele vê o grande Pã
adormecido. Todas as coisas
da natureza adormeceram
com ele, com uma expressão
de eternidade na face – assim
lhe parece. Ele não quer nada,
não se preocupa com nada,
seu coração está parado, só
seu olho vive – é uma morte
com olhos despertos.

Friedrich Nietzsche

O tempo do silêncio

Na *Ciência da lógica*, Hegel escreve: "Tudo o que é racional é uma conclusão"[1]. Para Hegel,

---

1. Embora o termo *Schluss* seja comumente traduzido como "silogismo" no contexto hegeliano, preferimos usar "conclusão" a fim de manter a coesão com a maneira como Han empregará o termo ao longo do texto [N.T.].

a conclusão não é uma categoria lógico-formal. Uma conclusão se dá quando o início e o fim de um processo formam um nexo dotado de sentido, uma unidade dotada de sentido, quando eles se engrenam. Assim, a narração é uma conclusão. Em razão de sua conclusão, ela produz um sentido. Rituais e cerimônias também são formas de conclusão. Assim, eles têm seu tempo próprio, um ritmo e uma cadência próprios. Eles figuram processos narrativos que escapam à aceleração. Seria um sacrilégio acelerar um sacrifício. Ao contrário, o processador pode ser acelerado infinitamente, porque ele não trabalha de um modo narrativo, mas meramente aditivo. Narrações não podem ser aceleradas à vontade. A aceleração destrói sua estrutura de sentido e sua estrutura temporal autóctones. O que é perturbador na atual experiência do tempo não é a aceleração enquanto tal, mas a falta de conclusão, isto é, a falta da cadência e do ritmo das coisas.

Não é só o tempo narrativo que é uma conclusão. O instante de felicidade e realização também é uma conclusão, pois está encerrado em si mesmo. Ele não tem nada em torno de si, por assim dizer. Ele repousa em si e basta a si mesmo. Assim, ele é sem passado e sem futuro, sem recordação e sem expectativa, isto é, sem "cuidado" no sentido heideggeriano. Essa ausência de cuidado é algo que traz felicidade. Mas vive-se necessariamente mais do que um instante. Assim, inevitavelmente saímos dele. Lembramo-nos dele retrospectivamente como um momento. É por isso que ele se distingue do tempo narrativo, que tem uma forma de duração completamente diferente.

Em seu estudo sobre a fotografia *A câmara clara*, Barthes cita Kafka: "Minhas histórias são uma maneira de fechar os olhos".

E ele faz a seguinte observação quanto a isso: "A fotografia deve ser silenciosa. Não é uma questão de 'discrição', mas de música. Só se atinge a subjetividade absoluta em um estado e um esforço de silêncio (fechar os olhos significa fazer a imagem falar no silêncio)". A subjetividade absoluta é a subjetividade em forma de conclusão. Sem o silêncio, ela se dispersa e não consegue retornar a si mesma. Sem o retorno, ela não consegue fechar-se. Então ela se torna depressiva.

As imagens digitais de hoje não têm silêncio e, por isso, não têm música ou mesmo fragrância. A fragrância também é uma forma de conclusão. As imagens intranquilas não *falam* nem *contam*, mas fazem barulho. Não se pode fechar os olhos diante dessas imagens "retumbantes". O olho fechado é o signo visual da conclusão. Hoje, a percepção é incapaz de conclusão, pois ela zapeia através da rede digital infinita. A mudança veloz de uma imagem à outra torna impossível fechar os olhos. Fechar os olhos pressupõe um demorar-se contemplativo. Hoje, as imagens são construídas de tal modo que não é mais possível fechar os olhos. Entre elas e o olho, há um contato imediato que não admite qualquer distância contemplativa. A obrigação da vigilância e da visibilidade permanentes dificulta o fechamento dos olhos. A transparência é a expressão da hipervigilância e da hipervisibilidade.

O bom tempo

bom tempo

A trajetória narrativa é estreita. Por conseguinte, ela é muito seletiva e não produz abundância de informação. A informação é uma categoria pós-narrativa. Sua negatividade impede a proliferação e a massificação do positivo. Ao contrário da memória, que apresenta uma estrutura narrativa, a memória do computador não tem história, isto é, não tem conclusão. Ela é meramente aditiva. Hoje, a memória está se tornando uma pilha de lixo e dados, perdendo seu caráter narrativo ao se tornar um "mercado de pulgas" (Virilio) entulhado de um monte de imagens de todos os tipos, totalmente desorganizadas e malconservadas, e de símbolos gastos. Em um mercado de pulgas, as coisas simplesmente ficam umas ao lado das outras. Elas não são *dispostas nem ordenadas*[2]. É por isso que lhe

---

2. O autor usa aqui o termo *geschichtet*, particípio de *schichten*, que significa "ordenar, dispor em camadas". Daí o jogo de

falta a história, isto é, o sentido. Ela não consegue se lembrar nem esquecer. Toda a história do passado, como utopia, revolução e mito, flui hoje para a máquina de informação como para uma barragem, que depois relança histórias e desdobramentos consumidos de modo cada vez mais rápido. É por isso que ela tende à proliferação e à massificação. E nisso ela se distingue tanto do saber quanto do conhecimento e da verdade. A negatividade da *exclusividade* lhes

---

palavras na sentença seguinte com "história", que em alemão é *Geschichte*, uma vez que ambos os termos compartilham a mesma raiz etimológica [N.T.].

é inerente, fazendo deles a contra-figura da informação.

A causa da aceleração é a incapacidade geral de concluir e encerrar. O tempo se precipita, porque não chega a uma conclusão e a um encerramento em parte alguma. Portanto, a aceleração é a expressão de um rompimento de barragem temporal. Não existem mais barragens que ordenem, articulem ou cadenciem o fluxo do tempo, que pudessem *deter* e *refrear* o tempo, dando-lhe uma *escora*, ou seja, tanto um apoio quanto uma parada. Quando o tempo perde todo ritmo, quando ele se precipita no aberto e no vazio de modo inconstante e sem direção, desaparece também todo tempo certo ou bom.

Em busca do tempo perdido, de Marcel Proust, começa significativamente com a expressão: "*Longtemps, je me suis couché de bonne heure*" [Durante muito tempo, fui dormir cedo]. *De bonne heure* significa *na hora certa*. Ela promete a felicidade (*bonheur*). É a imagem oposta ao mau infinito, ao tempo vazio e esvaziado de sentido. O próprio bom sono é uma conclusão. Ao contrário, o exausto sujeito de desempenho adormece tal como a perna adormece. Isso não é uma forma de conclusão. A insônia também deriva da incapacidade de concluir. É preciso poder encerrar o dia para adormecer. Hoje, fechamos os olhos, quando muito, de cansaço e exaustão. A formulação mais correta seria: os olhos meramente se fecham, o que não é uma conclusão.

O tempo da festa

Hoje em dia, as coisas temporâneas envelhecem muito mais rápido do que antigamente. Elas rapidamente caducam, tornando-se algo do passado, e escapam da atenção. O presente se reduz ao pico da atualidade. Assim, o mundo perde em duração. A causa da contração do presente e do retraimento da duração não é, como se assume erroneamente, a aceleração. Antes, o tempo se precipita como uma avalanche precisamente porque não tem mais em si nenhuma *escora*. Os pontos do presente, entre os quais não subsiste mais força de atração e tensão, já que são meramente aditivos, desencadeiam o arrebatamento do tempo, que conduz à aceleração sem direção, isto é, sem sentido.

Uma pessoa depressiva é incapaz de conclusão. Mas, sem conclusão, tudo se torna indistinto. Não há a formação de uma imagem de si estável, o que seria igualmente uma forma de conclusão. Não por acaso, a irresolução, a incapacidade de tomar uma resolução, faz parte dos sintomas da depressão. A depressão é característica de um tempo em que se perdeu a capacidade de concluir e de encerrar. O pensamento também pressupõe a capacidade de concluir, de parar e demorar-se. Nisso ele se distingue do cálculo. Assim, o pensamento não pode ser acelerado à vontade, ao contrário do cálculo. A incapacidade de pensar analiticamente faz parte dos sintomas da síndrome da fadiga da informação (SFI), ou cansaço da informação. Trata-se da incapacidade de tirar conclusões lógicas e raciocinar dedutivamente. Portanto, a grande quantidade de informações acelerando-se sufoca o pensamento. O pensamento também precisa de silêncio. É preciso poder fechar os olhos.

O sujeito de desempenho é incapaz de conclusão. Ele colapsa sob a pressão de dever produzir cada vez mais desempenho. É precisamente essa incapacidade de concluir e encerrar que leva ao *burnout*. E, em um mundo onde a conclusão e o encerramento cederam a uma continuação infinita e sem direção, não é possível morrer, pois a morte também pressupõe a capacidade de encerrar a vida. Quem não consegue morrer na hora certa deve fin-dar em má hora.

O tempo da festa não é um tempo de descanso ou de repouso. A própria festa é uma forma de conclusão. Ela permite o começo de um tempo inteiramente diferente. Originalmente, tanto a festa quanto as festividades provêm do contexto religioso. A palavra latina *feriae* tem uma origem sacra e significa o tempo destinado aos ritos religiosos. *Fatum* é um lugar sagrado e consagrado à divindade, isto é, o local de culto destinado ao rito religioso. A festa começa onde termina o trabalho como ato pro-fano (literalmente, o que se situa em frente ao circuito sagrado). O tempo da festa é diametralmente oposto ao tempo de trabalho. O fim do expediente como véspera da festa anuncia um tempo sagrado. Se aquela fronteira ou limiar que separa o sagrado do profano for suprimida, resta apenas aquilo que é banal e cotidiano, a saber, o mero tempo de trabalho. E o imperativo do desempenho o explora.

A atual sociedade do cansaço toma o próprio tempo como refém. Ela o agrilhoa ao trabalho, transformando-o em tempo de trabalho. O tempo de trabalho é um tempo sem conclusão, sem começo nem fim. Ele não tem *fragrância*. A pausa, enquanto pausa do trabalho, não marca um outro tempo. Ela é apenas uma *fase do tempo de trabalho*. Hoje não temos outro tempo que não o tempo de trabalho. O tempo de trabalho se totalizou de modo a tornar-se *o* tempo. Há muito perdemos o tempo da festa. O fim do expediente como véspera do dia de festa nos é completamente estranho. Não levamos conosco o tempo de trabalho somente para as férias, mas inclusive para o sono. É por isso que nosso sono é tão inquieto atualmente. O descanso também é um modo do trabalho, enquanto serve para a regeneração da força de trabalho. O repouso não é o outro do trabalho, mas seu *produto*. A desaceleração ou a lentidão por si sós tampouco podem gerar um *outro* tempo. Isso apenas *retarda* o tempo de trabalho em vez de transformá-lo em um outro tempo. Ao contrário da opinião universalmente difundida, a desaceleração não elimina a atual crise ou doença do tempo. A desaceleração não produz nenhuma cura. Antes, ela é apenas um sintoma. Não se pode curar uma doença com o sintoma. Hoje, é necessária uma *revolução do tempo* que gere um outro tempo, um *tempo do outro*, que não seja um tempo do trabalho, uma revolução do tempo que devolva ao tempo sua fragrância.

O tempo do outro

Para Hegel, o amor enquanto absoluto é uma conclusão. O amante morre no outro, mas essa morte é sucedida por um retorno a si. Mas o retorno a si a partir do outro é inteiramente distinto de uma apropriação violenta do outro, erroneamente vista como a figura principal do pensamento hegeliano. Hoje, deveríamos ler Hegel de um modo diferente do que foi ensinado por autores como Derrida, Deleuze ou até Bataille. O retorno a si não é uma apropriação, mas a *dádiva do outro*, precedida pela renúncia e pelo abandono de si. A conclusão é absoluta, porque não é limitada. Uma conclusão limitada significa que eu meramente me aproprio de uma parte do outro, permanecendo inalterado em mim mesmo. O amor como conclusão absoluta pressupõe uma suspensão de si. Ele é transformação. O abraço amoroso é mais um signo visual da conclusão. A declaração de amor é uma promessa que produz uma duração, uma *clareira* no tempo. A própria fidelidade é uma forma de conclusão que introduz uma eternidade no tempo. Ela é a inclusão da eternidade no tempo.

A comunicação humana só institui o sentido na medida em que representa uma forma de conclusão. O ser humano se comunica para escapar da morte e dar um sentido à vida. O diálogo representa uma bela forma de conclusão. Por isso ele é capaz de instituir o sentido. Ele é uma comunicação com um Tu. A oração também é um diálogo. Como diria Martin Buber, Deus é um eterno Tu. A rede digital não é uma forma de conclusão. Assim, a comunicação digital é incapaz de diálogo. Ela está se tornando mais narcisista e levando o *outro* à desaparição. O vazio de sentido faz com que nos comuniquemos sem parar e incessantemente. O vazio na comunicação se manifesta como uma morte que se deve ocultar quanto antes por meio de mais comunicação. Mas isso é um empreendimento vão. Uma comunicação que, enquanto diálogo, institui sentido escapa à aceleração. Só uma comunicação impessoal pode ser acelerada infinitamente.

O tempo que pode ser acelerado é o *tempo do eu*. É o tempo

que *tomo* para mim. Ele leva à falta de tempo. Mas há também um outro tempo, a saber, o *tempo do outro*, um tempo que *dou* ao outro. O tempo do outro como *dádiva* não pode ser acelerado. Ele também escapa ao trabalho e ao desempenho, que sempre exigem o *meu* tempo. A política temporal do neoliberalismo abole o tempo do *outro*, pois ele não é *eficiente*. Ao contrário do tempo do eu, que isola e individualiza, o tempo do outro institui a *comunidade*. Somente o tempo do outro liberta o eu narcisista da depressão e da exaustão.

Intempestivamente

Há alguns anos, no Festival CTM de música experimental e eletrônica, soube-se que uma banda de *death metal* estava profundamente preocupada com a maneira como deveria terminar a composição que iria apresentar. É realmente impossível encerrar uma música à qual a conclusão não é estruturalmente inerente. Os músicos da banda de *death metal* ficaram muito aliviados quando o alto-falante queimou por sobrecarga. Portanto, a salvação veio em forma de catástrofe. Nosso mundo, que se acelera cada vez mais em virtude da ausência de formas de conclusão, terminará de maneira igualmente abrupta, ou melhor, de maneira *intempestiva* e, por fim, catastrófica.

Posfácio do tradutor

Retomando uma tradição for-
te da filosofia de língua alemã –
que remete, sobretudo, a Martin
Heidegger, filósofo importante
em sua formação, mas que tem
uma longa história no pensamento alemão –, uma característica marcante da prosa filosófica
de Byung-Chul Han são os jogos

de palavras: ao explorar a polissemia de certas palavras, ao aproximar termos que partilham um mesmo radical ou uma mesma referência etimológica, esses jogos produzem novas possibilidades de significação propriamente conceitual, mas de tal modo que essa significação se torne praticamente intuitiva através da manipulação das palavras e da atestação imediata de sua proximidade linguística. No entanto, na medida em que essa operação se faz inevitavelmente ao rés da materialidade da língua, muitas vezes ela acaba se perdendo ao ser transportada para o vernáculo, o que exige que certas escolhas – e, por vezes, sacrifícios – sejam feitas ao longo do trabalho de tradução. Desde então, talvez seja propício comentar alguns aspectos do texto de sorte a explicitar tais escolhas e tentar restituir ao público lusófono aquilo que é perdido na tradução em relação à força intuitiva que esses jogos possuem no texto alemão.

O verbo alemão *schließen* – assim como sua forma substantivada *Schluss* – exigirá uma atenção especial neste comentário, uma vez que constitui o núcleo semântico e conceitual de todo o livro, estando presente já em seu título. Em sua acepção mais comum, esse verbo pode ser traduzido como "fechar", donde a tradução do título *Bitte Augen schließen* como *Favor fechar os olhos*. No entanto, surge um problema já nas eprimeiras linhas do texto, com a citação de uma passagem da *Ciência da lógica* de Hegel: "*Alles Vernünftige ist ein Schluss*". Como já indicado na primeira nota, no contexto do pensamento hegeliano, essa passagem deveria ser traduzida como "tudo o que é racional é um silogismo". Mas, visto que Han vai jogar, ao longo de todo o livro, com a polissemia do termo, "silogismo" acabaria por ser uma tradução demasiado restrita, tornando impossível inclusive a relação imediata, em português, da forma nominal *Schluss* com a forma verbal *schließen*. Daí a escolha por "conclusão" e "concluir": ao mesmo tempo em que mantém a referência lógica ao aspecto inferencial do silogismo, essa opção também permite a exploração de diferentes significados do termo, como "desfecho", "fechamento" etc., o que é indispensável para que se possa compreender a maneira como o autor o emprega no texto. E essa opção também se justifica pelo fato de que, no dicionário dos Irmãos Grimm, a palavra *Schluss* é remetida ao termo latino *conclusio*, derivado do verbo *concludo*, tão polissêmico quanto seu descendente português "concluir". Assim, demos preferência, sempre que possível, a essa tradução, exceção feita aos casos em que o verbo "concluir" não faria sentido em português – nesses casos, utilizamos o verbo "fechar", assim como a forma nominal "fechamento".

Do mesmo modo, preferimos traduzir *abschließen* e *Abschluss* como "encerrar" e "encerramento", na medida em que, mesmo perdendo a referência imediata a *schließen* e *Schluss*, mantém-se ainda uma relação semântica entre os termos. E essa opção ainda possui a vantagem de conseguir restituir em português a polissemia dos termos alemães: *abschließen*, mais uma vez segundo o dicionário dos Irmãos Grimm, remete ao verbo latino *recludo*, que está na origem do verbo "recluir" em português, que significa "recolher em clausura", o que se reflete em sua acepção mais comum, "fechar à chave", "trancar". Mas, além disso, *abschließen* também pode significar "terminar", "concluir". O verbo "encerrar", em português, recobre ambas as acepções.

Por fim, como se pode ver pelo índice, a palavra "tempo" está presente no título de cada um dos capítulos, já que é esse o verdadeiro tema do livro – como atesta seu subtítulo "Em busca de um outro tempo". Embora a palavra alemã para "tempo", *Zeit*, não ofereça grandes dificuldades de tradução, cabem aqui algumas rápidas observações. Em alguns momentos, a fim de manter a fluência do texto em português, foi preciso traduzir *Zeit* como "hora", como na expressão *zur rechten Zeit*, que aqui aparece como "na hora certa", sobretudo porque o autor trabalha com a referência à expressão francesa *"de bonne heure"* que aparece no início do primeiro livro de *Em busca do tempo perdido*, de Marcel Proust, desviando-a de sua significação habitual ("cedo") para se concentrar na literalidade da expressão. Da mesma forma, o título do último capítulo, *Zur Unzeit*, foi traduzido como "intempestivamente" a fim de manter não só a fidelidade ao sentido da expressão alemã, mas também a referência à palavra "tempo", que está presente no termo português "intempestivo", derivado do latim *intempestivus*, formado a partir de *tempestas* ("época", "estação", "período de tempo"), que por sua vez deriva de *tempus*. Essa tradução parece particularmente vantajosa, uma vez que *tempestas* é também a origem da palavra portuguesa "tempestade" e pode significar "calamidade", "desgraça" etc., o que está perfeitamente de acordo com o uso que Han faz aqui da expressão *zur Unzeit*, designando não uma conclusão ou um encerramento, mas um fim abrupto e catastrófico.

Para ver os livros de
BYUNG-CHUL HAN
publicados pela Vozes, acesse:

livrariavozes.com.br/autores/byung-chul-han

ou use o QR CODE

Conecte-se conosco:

f facebook.com/editoravozes

◉ @editoravozes

𝕏 @editora_vozes

▶ youtube.com/editoravozes

✆ +55 24 2233-9033

www.vozes.com.br

Conheça nossas lojas:

www.livrariavozes.com.br

Belo Horizonte – Brasília – Campinas – Cuiabá – Curitiba
Fortaleza – Juiz de Fora – Petrópolis – Recife – São Paulo

EDITORA VOZES LTDA.
Rua Frei Luís, 100 – Centro – Cep 25689-900 – Petrópolis, RJ
Tel.: (24) 2233-9000 – E-mail: vendas@vozes.com.br